JN418189

빌딩 숲속 까치 한 마리

빌딩 숲속 까치 한 마리

박상모 시집

月刊文學 출판부

| 시인의 말 |

큰 먹이 찾아 빌딩 숲에 날아든 까치 한 마리, 푸른 하늘 보단 지상의 모이를 좇는데 익숙해 날개는 무뎌지고 가슴은 흑도 백도 아니다.

까치 마음은 언제나 저 먼 곳에, 마른 나무 우듬지에 앉아 순백의 설원을 굽어보는 까마귀가 차라리 부럽다.

온통 검은 빛으로 세상을 지우는 듯 까악까악 노래하는 광야의 시인.

그를 좇아 헤맨 지 십여 년 만에 나온 내 첫 시집, 세상 빛 보게 되어 다행이나 두렵다. 시는 나에게 얼굴에는 주름살 깊어져도 가슴에 솟는 맑은 샘물이다.

시와 함께 우주를 산책하고 싶다.

시를 알게 해주신 서울대 오세영 시인님, 중앙대 예술대학원 여러 교수님, 많은 지도와 작품해설까지 써 주신 한국문인협회 정성수 시인님께 감사드린다. 시를 써 보여줄 때마다 '좋아요 좋아요' 하며 어깨 토닥여 준 바보 마누라에게도.

2018년 8월
세종호수 언덕에서
상화(相和) **박상모**(朴相謨)

차례

도시 속 촌놈 1

진실을 좇아 2

가을 골 시냇가에서 3

바보들의 행복 4

내 바람 5

1

도시 속 촌놈

도시 속 촌놈

바람 따라 사는 가슴
흑도 백도 아니다 빌딩 숲 속
까치 한 마리

이곳저곳 넘나들다
조롱이 나타나면 몸을 숨기고
고양이 눈 부릅뜨면 꼬릴 흔들며
타울거린* 수십 년

배는 볼록 얼굴은 번지르르하다

남들은 부러워하고
때갈* 좋다 시샘도 하지만
까치의 마음은 언제나
저 먼 곳에

마른나무 우듬지에 앉아
순백의 설원을 굽어보는 까마귀가
차라리 부럽다

온통 검은 몸으로 세상을 지우는 듯
까악까악 노래하는
어릴 적 그 고향 까마귀

광야의 시인

* 타울거리다 : 바득바득 애를 쓰다.
* 얼굴색 좋다는 전라도 사투리.

이슬

볍씨 보다 작은 몸
우주를 수정한다

잡초들 숨결 마디마디 응축하는
사색의 방
메마른 목 촉촉이 적셔주는
샘물이다

온몸 한눈으로
밤하늘을 응시하다
새녘 빛 속으로 스러져
아침을 깨운다

나뭇잎 끝에 매달린 이슬에서
나는 한 철인을 본다
형장(刑場)의 소크라테스

자화상

고개 숙인 수수깡 하나
서리 내린 들길 석양 속
박제처럼 서 있다

푸른 하늘 우러르던 날 그리운
눈빛

들새들 날아들 때마다
몇 알씩 떼어주며
바람에 흔들리고 있다

뿌리 뽑혀 사라질지라도
지상에 눕지 않을 것

온종일
잠들지 않은 깃발같이 펄럭인다.

설날 맨 넥타이

까치 지저귀는 아침

단정히 넥타이를 매고
부모님 영정사진을 보다 울컥
눈시울이 뜨겁다

나 자신만을 위해 울고 웃고
내 작은 뜰 하나 겨우
푸르게 가꾼 삶

탕국에 말아 아침 한 술 뜨시고
먼 고향 길 재촉하는 두 분을 보내고도
하루종일 나는
넥타이를 풀지 못했다

자꾸 뒤돌아보시는 두 분
'네가 우리 집 장남이다' 란 눈빛 같아
쉬이 풀 수가 없었다

겨울 산·1

앙상한 가슴 훤히 보인
할머니
푸르던 도시 꿈 접고 돌아온
누님

칼바람 속 차렵이불 덮고
내 새 동생 잉태하는 어머니를
지키고 있다

멎은 듯 숨 쉬는 여인들
가난이 배부른 그곳에
눈을 이고 선 한 그루
나목(裸木)이고 싶다

자유의 독백

공책이나 책상 모래에도
자유를 쓰는 사람*이 있다

하지만 나는 어느 곳에도
쉬이 쓰지를 못한다
써놓은 것 지키지 못할까 봐
남이 쓸 자리 없앨까 봐

먹고 싶지 않을 때 먹는 걸
자야할 때 잠 못 드는 걸
싫어할 뿐이다

산에 들어가 자연인이 되면
두고 온 인연들 생각에
절에 가 불자가 되면 불경에
혹여 천국에 가도 그곳 제왕에게
얽매여야 한다

자유란 없다 나에게는

불가마에서 한 줌 재로 태어나
허공에 뿌려질 그날 뿐

* 프랑스 시인 폴 엘뤼아르.

해질녘 강가에서

붉은 장막을 치며
해 하나
뚜벅뚜벅 재를 넘는다

기러기 한 쌍 따라 넘는다

물안개는 왜 내 눈에
하얀 먹지를 씌우고 있나
땅거미는 어쩌자고
홀로 서 있는 내 그림자마저 데려가 버리나

가거라
왜가리 한 마리 외발로 서서
물끄러미 저녁놀 바라보는
저 강화포구로

영겁을 흐르는 강

하늘이 보낸 천사

발끝에 채여 넘어져도
불평 한 마디 없다
책상 밑에 쪼그리고 앉아있는
하얀 프라스틱 통 하나

코푼 화장지 몽당연필 구겨진 낙서
처질거리만 쥐어줘도 묵묵히
어두운 곳 한켠을 지키고 있다

그대 없으면 가여운 것들
불구덩이 속으로 끌려가기 전
어디서 좀 쉴 수 있나요
구겨진 내 못 다 핀 장미는
누가 또 거두어 주나요

그대 있어 나는 소년처럼
하얀 종이 위에 무지갤 그립니다
오늘도 막

엔도르핀 나무

꼬끼오! 꼬끼오!
꿈인가 싶은데
다시 꼬끼오 소리 들리고
할아버지 그만 일어나세요 하며
팔을 흔든다

애비가 출장을 가
어젯밤 우리 집에 와서 잔
네 돌 갓 지난 외손자

이슬처럼 맑은 눈
복스런 코 도톰한 입술
나를 빼닮지 않은 얼굴

녀석만 오면 우리 집은 금세
편백나무 숲이 되어 피톤치드가
아지랑이처럼 퍼지고
웃음이 샘물처럼 솟는다

닭이 울면 날이 샌다는 건
어디서 배웠을까

이제 떠나렵니다

바람 불면 부는 대로 흔들
싫어도 생끗 선웃음 띠며
머릴 조아리는 그대

그대는 무슨 마력으로 나를
그리도 오래 붙들어놓았나요
황금 지팡이도 아닌 것이
터질듯한 엉덩이 흔들며 춤추는
탱고 여인도 아닌 것이

내 한 길 미끄러지지 않으려
때때로 그대 곁을 맴돌았지만
이제 그만 떠나렵니다 그 길 비록
진눈깨비 세찬 너덜길일지라도
떠나렵니다

어느 시인 소녀시절
나비 따라 너울너울 뛰놀았을 곳
잘난 꾀꼬리 노래하면

메아리쳐 합창하고
매에 쫓긴 동박새 다급히 울면
함께 울어 주는

호숫가 저 청산 마을로

풍경 · 1

—어느 억새를 보며

서릿바람 잉잉대는 검단산 마루*
고개 숙인 백발 노인들이 양떼처럼
이리저리 흔들리고 있다

내 눈을 끌어당긴 한 분
바람에 뜯겨 몇 숱 안 남은 대머리를
꼿꼿이 세우고 있다

못 본 듯 먼 곳으로 눈을 던지는데
마른하늘에 때 아닌 번개 번쩍
내 가슴을 찢는다

스스로 먼저 꺾이기까지 하며
뭉실한 돌로만 돌담 쌓으려 비나리친
내 소롯길

* 검단산: 경기 팔당호 옆 산.

연줄

바람 불어도
가림 없는 하늘을 두고도
혼자서는 날 수가 없다
나의 연

집도 울타리도 강아지도 없는
저 높푸른 하늘을 날고 싶다
건들바람 높이 새털구름 띄우듯
줄줄 줄을 풀어다오

외줄 위 곡예를 부릴지라도
줄 있어야 산다
바다로 돛단배 밀어내듯
줄을 내어다오

메신저

앞산에 걸린 초승달
누이 눈썹처럼 웃는다

쑥대 모굿불* 뭉근하게 피워놓고
온 가족 멍석에 둘러앉아 도란도란
하지감자 구어 먹는 밤

주먹만 한 놈 하나
내 손에 꼬옥 쥐어주며 하시는
아부지 말씀

'사내는 당당하게 살아야한다'

뭣도 모르고 예예 하는데 어느새
달은 지고 초가지붕 위 하얀 박꽃엔
별들이 새끼를 친다 내 가슴에도
희미한 별 하나

초승달 뜨면 지금도 그 말씀

연기처럼 피어오르고 나는 새삼
나를 거울 앞에 세워본다

고향 뒷산 아버님께 내 모습
어떻다 전할까 저 초승달,
한아름 비운 채 당당한

* 모굿불: 모깃불의 전라도 사투리.

늦바람

저기 좀 봐 자기야!
해님이 벌써 또 하루를
거두네요

자기랑 논밭 일구느라
등갱이*에 소금땀 개망초처럼 필 땐
그리도 더디 가던 임
가을걷이 아직 좀 남았건만 왜 저리
서둘러 가는지 몰라

붙든다고 멈춰주지 않을 임
이젠 다른 임 하나 찾아 남은 삶
다 해 보고 싶어

그 임 바람이면 나는
살랑살랑 나뭇잎처럼 춤을 추고
그 임 무지개면 나는
일곱 폭 수채화를 담아내고
그 임 구름이면 나는

촉촉한 노래를 뿌리고

미안해요 자기야!
나 늦바람났나 봐

* 등갱이: 등의 전라도 사투리.

겨울 호수

꽁꽁 얼어붙은 운암호*
가운데 둥근 곳
바람 일 때마다 숨을 쉰다
어머니 배꼽처럼

걱정이었던 것이다 호수는
밤이 쩡쩡 악을 쓰며 얼리려는 것이
품속 새끼들 숨막혀 죽을까 봐

그래서 긴긴 밤 바람을 불러
몸을 뒤척이고 달에 빌다 달 지면
별들과 속삭이며 뜬 눈으로
숨터를 지켜낸 것이다

사랑의 호심(湖心)이여

* 전북 임실군 섬진강 댐.

진리

언제나 홀로 외로웠던
갈릴레이 갈릴레오*
죽어서도 살아있다

흔들지언정 꺾이지 않는
대나무
말없이 흐르다 때로는 홍수가 되어
세상을 덮는 강물

어두울수록 빛나는 별

어딘가 반짝이고 있어
홀로 어둔 길 걸어도 두렵지 않네
어디선가 내려다보고 있어
두렵네

* '그래도 지구는 돈다' 며 죽어간 중세 유럽 천문학자.

산다는 것은

＋ － × ÷

허리춤에 계산기 하나 차고
사막을 헤매는 것

1＋1＋1＋1＋1＋1＋1＋1＋1＋1=10
1× 10 = 10
1× 0 = 아차

끝내는 누구나 =

누런 삼베 옷 갈아입고
길 위의 먼지처럼
00 사라져가는 것

2
진실을 좇아

진실

꽃에도 나무에도
땅 속 굼벵이에게도 있습니다

홀로 깜박이며 다가오는 빛

어두움 뚫고 울리는
산사(山寺) 새벽 종소리

멀리할수록 다가와
내 속의 나 스스로 괴롭게 하는
맑은 샘

뭇사람 목청 높여도 난 지그시
눈 감을 수 있습니다
귀 닫을 수 있습니다

벚꽃

실바람 살랑대는 남산 길
흐드러지게 핀 벚꽃이 눈비처럼
쏟아진다

춘몽(春夢)이 서러운 소복 여인들 춤사위

좋은 날 더디 오고 저물기는
봄볕에 잔설 녹듯한 삶
그대뿐인가요

하지만 기억하겠어요
그대 꽃핀 날은 짧았지만
언제나 꽃핀 눈부신 날이었다고
그날 있어 자주색 진한 버찌를
맺는 것이라고

절정에서 절정을 던질 줄
아는 것임을

목련화

간밤 때 아닌 천둥소리에
거짓말같이 졌다

수줍은 듯 황홀한 새색시
젖가슴

진 자리엔 방끗
연초록 배냇저고리 갓난애가
눈망울을 깜박이고 있다

하늘과 땅의 해산

은밀한 산고(産苦) 이야기를
가지마다 달고 등불처럼
밝히고 있다

날벌레들 잉잉 주위를 맴돈다
못 다 핀 사랑 어찌하면
다시 맺을 수 있냐고

술도가니

흙으로 빚어져 불가마에서
태어났습니다

붉게 달궈진 숱한 기억
맑은 샘물에 꼬두밥과
누룩을 버무려 뽀글뽀글 속을
끓이다가

가슴앓이 멎고 열꽃도 사그라진
어느 이슬비 내리는 아침

홀로 몸부림치던 방문을 열고
제 속을 나그네에게 한 종발
두 종발 떠내어줍니다

시인입니다
오동잎 사이로 얼굴 내민 달

장맛비

검정우산 건반 두드리듯
격정의 노래가 쏟아진다

자운영 꽃밭 함께 뒹굴던 소꿉동무도
첫사랑도 아니련만
반가운 손님

헉헉대는 대지에 놓는 진정제
살짝 두 뺨 내밀면 가슴 속까지
파고드는 하늘의 영혼

내년에도 꼭 찾아주세요
농투성이 우리 아재
두건 질끈 동여맨 추수철 말고
노숙자 덜덜 떠는 밤 말고
이 무렵 이 세상 이글이글 탈 때
잠시만

강바닥까지 쩍쩍 갈라진 가뭄에

혼자서만 샤워 물 쓰듯 하는
나에겐 검은 폭풍우로

매화

눈부셔 눈 멀 것 같은 걸
어찌합니까

사임당 자태
꼭이 그 때문만은 아닙니다
그가 나서야 봄이 열리고
자기를 지워 싱싱한 열매를 맺기
때문만도 아닙니다

내 그를 옛 첫사랑만큼이나
사모하는 까닭

긴긴 풍상에 쓰러질듯하면서도
꽃을 피우고 열매를 맺으며
저더러도 함께 그리 피고 그리 지자고
고운 엽서 띄워주기 때문입니다
해마다 이른 봄
저 아래 섬진강가에서

자전거 타고 오는 우체부만 봐도
쿵닥거리는 이 가슴

바다

짜디짠 땀 온몸에 개망초처럼
피었으면 달빛 느슨한 밤
별들의 노래 들으며 눈이라도
좀 붙일 것을

바다는 밤낮없이 일만 한다

뭍이 보낸 쓰레기 절이지 못하면
품 속 새끼들 지켜내지 못할까 봐
차라리 뭍까지 쓸어버릴 태풍 짓느라
온몸을 바위에 철썩철썩 부딪치며
신열(身熱)을 높이는 거다

가자, 우리 가슴 찌들 땐
저 거대한 정화조로 풍덩

풍경 · 2

언덕 위 우뚝 선 해바라기
해 떨어지자 고개를 떨군다

새녘 해 어서 맞으러
머리를 조아리고
머리 위 높은 해 가까이 하려
황새목 뻗쳐들고
멀어지는 해 좇아 기린처럼 목 빠지던

장승 같은 키 알알이 야무진 얼굴

날마다 오는 어둠에 그만
고개를 떨군다

잡초 속 난쟁이 풀꽃 하나
보일락 말락 고개를 쳐들고
열심히 웃고 있다

허공

비가 오나 눈이 오나 바람이 부나*
칙칙한 광야를 헤쳐 오며
때때로 멈춰 서서 바라보던 곳

내 사유(思惟)의 바다

때로는 그곳에
먼저 가버린 옛 동무가 날아들어
눈시울 적시고
잊힌 노래 멜로디가 일렁대
가슴 저미고
새로 저어갈 길 등대가 깜박거려
무릎을 치기도 한다

저 먼 곳 흰 구름 사이
오늘도 오늘은 보이지 않고 어제와
내일이 아른거린다

내 영혼의 숙주

* 조용필 노래 〈허공〉 가사 일부분.

밤하늘

맑은 눈 아이들
오개오개* 모여 사는 마을
반짝일수록 두려운
내 가슴 속 진실

* 더불어의 전라도 사투리.

겨울 바다로 가자

외로움 겨워 뼛속까지 시릴 땐
겨울바다로 가자 친구야
차가운 밤길 서로 등 밀어주며
달려온 저 파도를 만나자

화 끓어 용암처럼 터질 것 같을 땐
얼음바위에 부딪혀 스스로 부서지는
저 물보라 파편을 맞자

상처 깊어 가슴까지 멍들 땐
짓이겨진 모래 발자국 밤새 덮인
저 하얀 눈밭을 걷자

세상 싫어 잿빛 늪으로 빠질 땐
바람 찬 파도에 맞서 물질하는 저 늙은
해녀의 억센 휘파람 소리를 듣자

기쁨이 넘쳐 주체할 수 없을 때도
우리 꼭 겨울바다로 가자

들끓듯 출렁이며 담담한 저 차가운
거인을 보자

절 밖의 부처

하지 쨍볕 이글거리는
용문사 오르는 길

아름드리 갈참나무 하나
집채만 한 바위틈에 삶을 박고
숨을 고르고 있다
바람 일 때마다 잔 빗살 부채
부쳐댈 뿐 말이 없다

그 아래 넓게 드리운 그늘엔
지친 사내 하나 모자를 푹 덮어쓰고
안방인 양 곯아떨어져 있다

가지 사이로 반짝이는 햇빛
백호상*처럼 눈이 부시고
잎사귀 서걱대는 소리는
스님 독경(讀經) 소리 같다

* 부처 이마에 박힌 보석.

자연

봄 오면
바짓가랑이 걷어붙이고
소 몰아 밭갈이 한다
여름 오면 여름 보내고
가을 오면 가을 보내고
겨울 오면 하얀 이불 덮고
새싹 틔울 긴긴 산통에
몸을 떤다

소리 없이 도는 힘찬 물레방아

그대 있어 나 홀로
그믐달 따라 외딴길 나서도
외롭지 않겠소

승강기

손뼉 치며 부르는 신 달라도
얼굴빛 옷차림 사뭇 달라도
누구든 가자는 대로 데려다주는
에쿠스 카벨루스*

철 고삐에 매달려 하늘 땅
하릴없이 오르내리는 삶
고삐 풀린 망아지 부럽지 않다

이 거친 광야에
짐 하나 없는 자
오르막 내리막 길 없는 자
줄타기 한 번 안 하고 가는 자
어느 누구 있더냐

지친 몸 이끌고 귀가하는 밤
언제나 한곳에 서서
소금절인 배추마냥 축 처진 어깨
말없이 토닥여준 그 말

깊은 산사(山寺) 종소리 되어
내 새 아침을 엽니다

* 말(馬)의 라틴어 학명 Equus caballus.

호수

눈 내린 언덕 위 소나무
제일 잘 그리는 화가
얼굴 내밀면 주름살 없애주는
성형의사가 된다

저녁놀 슬픈 가슴
촉촉이 적셔주는 시인
바람 일면 오선지 음표 두드리는
피아니스트가 된다

내 마음 속 아픈 별
고요히 안아주는 은하
누가 돌을 던지나요 그곳에
달이 빠져도 나는
뛰어들지 않겠소

연(鳶)

가는 외줄에 매달려 사는 게
얼마나 힘든지 모르는 건 아니지만
줄 끊고 어디론가 날아가는 자유를
바라지 않는다

산다는 것은 사는 동안 서로 손잡고
바람에 맞서는 것, 줄 끊어지면
가시나무에 떨어져 허수아비처럼
제 살 뚝뚝 떼어주면 된다

지구

갈릴레이 갈릴레오*
막막한 우주 노 저어가는
돛단배

다가갈 수 없는 그리움
임 주위 돌며
밤새워 윙크하는 별

* '그래도 지구는 태양 주위를 돈다' 며 죽어간 중세 천문학자.

3

가을 골 시냇가에서

가을 골 시냇가에서

연초록 눈망울
수줍은 듯 껌벅이던 나무들
벌써 또 옷을 벗는다

소슬바람 해마다
귀밑을 스치며 윙윙대던 소리는
그 말이었나

이제 그만 접자
망망대해에서 내 배 좀 앞세우려
물집 터지도록 저었던 노

가슴 앓던 젊은 날 높푸른 꿈
썰물에 갯벌 제 가슴을 비우듯
이제 그만 보내자

이제 그만 털어버리자
양 어깨 짓누르는 견장(肩章)
사치스런 헤진 옷

깃털처럼 가벼이
겨울 여행을 떠나자

철새 한 쌍

가을걷이 바쁜
허리 세워
문득 바라본 산등성

철새 한 쌍
좌우 날개를 나란히 펄럭이며
재를 넘는다

함께 가야 한다
멀리 가려면

겨울 산 · 2

앙상한 가슴
훤히 보이는 겨울 산
꾸밈이 없다

그 푸르던 옷 타오르던 불꽃
모두 벗어 던진 겨울 산
비울 줄 안다

장대추위 속 헤진 이불 덮고
새싹 잉태하는 겨울 산
내일이 있다

멎은 듯 숨 쉬고 있는
작은 지구여

칡즙을 마시며

산 오르는 사람들의
숨찬 소리던가
칡넝쿨에 칭칭 감겨 몸부림치는
산벚나무들 신음소리

나뭇잎 위 햇살 별처럼 반짝이고
산새들 노래하는 저 평온한 숲
한 무리 뒤엉켜 씨름하는
영락없는 이곳이다

거미줄 감듯 남 쥐어짜
어둔 곳에서 제 몸 피둥피둥
살찌우는 두더지
그 피즙 몸에 좋다며 빨대까지 꽂아
쪽쪽 빨아대는 나 그리고 당신
만물의 영장!

저 멀리 아프리카에서
할아버지 원숭이가 웃는다

짝사랑

임 나오면 살며시
얼굴 내밀고 임 들어가면
얼른 사라진다

혹여 들킬까 봐
뒤에서만 바라보는
그림자

임 다가오면 수줍은 얼굴
자라처럼 움츠리고
임 멀어지면 황새목 되네

다가갈 수 없는 마음 버거워
엎드려서만 바라보다 애가 다 타
거멍덩이 되었구려

돈

황금 지팡이를 쥔 카멜레온

때로는 청개구리 되어
잡으려면 달아나고 비우면 채워준다
우릴 살리기도 죽이기도 하는 칼
내 민모습 비춰보는 거울이 된다

'황금 보기를 돌같이 하라'
애써 뱉는 헛기침 아닐런지요
목탁소리 깊은 곳 십자가 드높은 곳에도
어찌 왕왕 벌어지는 개싸움
우리 마지막 그 강을 건널 때에도
노자 없으면 배를 타지 못하는 것

잠시 머물 뿐 왜 돌고 돌기만 하느냐
탓하지 말자 그 웬수 같은 놈
개같이 아무데나 핥지 말고 소처럼 일구자
베짱이처럼 한 철 홍청망청 말고
개미처럼 바람 찬 날 대비하자

비단 치마폭 즐겨 찾는 정승 따위 부러워 말고
추운 곳 스며드는 한줄기 빛이라도 되자
꼭

그것이 곧 그 웬수 같은 놈으로부터
진정한 자유를 찾는 길

대기만성(大器晩成)

봄이 제 몫을 마친 6월
대청봉* 진달래는 이제야
꽃망울을 터뜨린다

소소리바람 아직 찬 밤
별빛 들이쉬며 수행한 수도승

득도(得道) 늦었다 서러워 마오
왁자지껄 피었다 져버린
저 아랫것들 보다 찬란한 침묵

하늘 맞닿은 곳 우뚝 선 것만도
눈이 부셔 눈 멀 것 같은데
온 정상에 고운 피를 토해낸
비장함까지

* 설악산 정상.

낙수(落水)

아래로만 길을 찾는다
잡초들마저 하늘을 향해
고개를 쳐들 때

가다가 동무들 만나 도랑을 치고
이웃 만나 강을 내고
제일 낮은 곳에서 모두가 만나
은빛 파도를 출렁입니다

그 시내 그 강 도란도란 흐르고
그 바다 갈매기들 재잘대는 여기

그 높은 곳

상원사* 종소리 오대산을 깨우고
처마 끝 이슬방울 하나 내 가슴에
수직으로 꽂힌다

* 강원도 오대산에 있는 절.

뱃사공 가시버시*

느티나무 고목 옆
덩그렇게 처박혀 있는 돛단배
주인은,

태백산 검룡소에서 달려온 남한강
짐 가득 실은 황포 돛단배 하나
물살을 가른다

괴적삼 아내 돛 줄을 잡고
삼배두건 질끈 동여맨 남편은 노를 저어
가까스로 다다른 곳 두물머리*
지친 부부는 하나 둘 짐을 푼다
예봉산 마루에 걸터앉은 해님
잠시 붉은 미소를 뿌리더니 부부를
어디론가 데려가 버린다

아득한 물길
땅거미만 눈비처럼 내리고 물새들마저
한 마리 보이질 않는다

어딜 갔는가

* 부부를 낮춰 부르는 말.
* 양평 남한강과 북한강이 만나는 곳.

첫눈 오는 날

꿈결 인기척
하얀 천사들이 창가에
날개를 접는다

반가운 임 어서 맞으러
망건세수*를 하고 문을 나서니
온 데 간 데 없다

웬 시샘인가 해님
게으른 잿빛 구름 사이로 얼굴을
내밀고 환하게 웃고 있다

폭포처럼 쏟아지는 폭설을
기다려야 하는 것
빛나는 허세 켜켜이 찌든 허욕
송두리째 묻으려면

* 망건을 쓴 채 세수한다는 뜻으로 빠른 세수를 말함.

잠꼬대

검푸른 하늘 별똥 하나
닭 홰치는 소리에 놀라
줄달음친다

밤새 떨어진 별들의 얘기
도토리 줍듯 담으며 온 누리는
기지개를 켜고 나는 아직
몸을 뒤척이며 구시렁댄다

'스타는 많다 스타는'

별은 아니어도 누군가에게
희미한 선 하나라도 긋고 지는
별똥만이라도 되었으면

사랑의 역설

아내보다
들에 핀 풀꽃 한 떨기를
먼저 사랑할래요

가족보다
저 높고도 깊은 태산을
먼저 사랑하렵니다

이웃보다
저 넓고도 수평한 바다를
먼저 사랑할래요

그리고 저는 까치보다
까마귀를 차라리 더 사랑하렵니다
온몸 한결같이 검은,

세월의 길

청개구리다 세월은
나는 앞으로 아우성치며 달리는데 놈은
뒤로만 소리소리 없이 달린다
이제 69키로로 달리니 놈도

길에서 만난 수많은 것들
뒤로 흘러 모래톱 되고 끝내는 먼지처럼
흩날린다 길마다 핀 꽃들 길마다 핀 꽃일 뿐
오늘은 진다

곧 70키로로 달려야 한다 새 길 두려워 말고
또 시작과 이별을 준비하자 멈추면
미움 걱정 미련 뱀처럼 감고 놓아주지를
않는다 무화과 꽃길이라도 멈추지 말자

날 부르는 멈춤이 없는 길
100키로까지는 달려보자 동행하지 않고
뒤로만 간다 탓하지 말자 나그넨
홀로여야 마지막 그 길 사뿐히 떠날 수 있다
길이여 길 비켜라

내 마음의 촛불*

천둥소리 그래서 그리 요란하고
구름은 먹지 같았나 보다

넘실대는 촛불
찢어질 듯 펄럭이는 태극기
서로 엉켜 아우성치는 홍수

저 노도의 물결 막을 자 누구랍니까
날 따르라 외치는 모조 무궁화도 예수도
부처도 아닌 오직 하나뿐, 임이시여!

내 그대를 사모했던 까닭은
헐벗은 우리 강산 푸르게 만들어 준
그대 아버님 때문만은 아닙니다
하나 더하기 하나는 반드시 둘이 되는
꼭 그런 나라를 만들 것 같은 그대의
다짐 하나 때문이었거늘

독수리도 아닌 암탉 한 마리가

그 큰 푸른 집 구석구석을 쪼고 다녔다니
이 가슴 어찌합니까
칼바람에 나부끼는 국기마냥 찢어지는

산산이 조각나버린 꿈, 임이시여!
뭘 더 기다리시옵니까
같은 말 재잘거리기 좋아하는 앵무새들
때마다 앞장 서 널뛰는 완장 찬 사람들이나마
살판나게 하지 않았던가요

이제 그만 훌훌 털고 내려오시어요
저 금오산 밑 아버님 생가 옆에
초가집 한 칸 짓고 돌부처처럼 사시어요
혹여 바위에서 몸 던져 살아나지 말고
아버님 높은 탑만이라도 지키셔요

저는 몽당 촛불이나마 두 개를 켜고
살겠습니다 하나는 아빠엄마 따라 촛불 든
고사리 손들 위한 등불

하나는 저 촛불 저 태극기 함께 태워
새싹 움트게 할 씨불입니다

* 2017년 초 박 대통령 탄핵시국에 부쳐.

성철 스님

산은 산이요 물은 물이듯*

어린이는 어린이
어른은 어른
여자는 여자 남자는 남자
나는 나고 그대는 그대여야
하지만

우리는 우리로서
나는 나를 지우고
그대는 그댈 지우고 우리가
되어야 한다

저 높은 곳 성철 스님
아픈 눈빛

* 성철 스님의 법문.

묵시(默示)

구름 위 우뚝 선 울산바위,*
흔들리지 말고
가벼이 말 말고
낮은 곳도 보고 살라
말을 한다

산사(山寺) 뒤란 대나무,
뿌리 깊어야
마디마디 속을 비워야
높이 솟을 수 있다
말을 한다

말하려는 찰나

내 혀를 말아 넣는다
진흙 밭 위 함초롬히 맺은
연꽃 봉오리

* 설악산 높은 바위.

달이 차고 기우는 것은

철들라는 것이다
밀물 조금씩 차오르듯

가슴에 묻은 사람
이슬처럼 보내 주고
기쁨 넘쳐 주체할 수 없을 땐
썰물처럼 낮출 줄 알고
분노가 머리끝까지 치밀 땐
촛불처럼 스스로 타
녹일 줄 알고

철들며 살라는 것이다
꽃과 잎
철따라 피고 지듯

4

바보들의 행복

가려거든 혼자서

가을이 뚜벅뚜벅 재를 넘는다
저녁놀 홍건히 물든 유명산

소슬바람 스치자 말라비틀어진
단풍 몇 잎 맴돌아 떨어진다

동행하지 않겠냐는 몸짓

아직은 아니라고 손을 저으며
나는 산을 내려왔다
아직도 이곳
듣고 보고 싶은 게 많아서
꽃은 왜 피고 지고 새벽별 보면 왜
옛사랑이 아른거리는지 더 좀
알고 싶어서

하지만 속마음 들킬까 봐
서둘러 내려왔다
외손자 녀석 파란 잔디밭에서

나비 따라 강아지처럼 뛰노는 모습
오래오래 보고픈

가거라, 가려거든 혼자서

막걸리

민초들 달래다 타버린 속
누렇게 가린 채 묵묵한 돌부처

나 그대 가까이 것은

세종대왕이 주신 배춧잎 아니고도
그댈 쉬이 부릴 수 있어서만은 아니어요
독한 외세에 맞서 새 몸단장 하고
다시 찾아준 정 때문만도

엉덩이 요염한 외다리 크리스털 잔도
매화 아롱진 도자기도 아닌
찌그러진 양재기를 좋아하는 주막집
주모 같은 여인

몸 좀 망가져도 나
그대 정말 멀리할 수 없는 것은

읍내 장에 소 팔러 간 옛 우리 할아버지

시디신 김치에 그대 한 사발로 점심을 때우며
우리 아버지를 키우시고
우리 아버진 또 그리 우리를 키우셨기
때문입니다

봄봄봄

호랑나비 한 마리
넓은 어깨 너울대며
벚꽃 진달래꽃 이곳저곳
넘나드네

목련화 한 송이
저고리 살포시 열고
흰나비 노랑나비 이놈저놈
맞아들이네

낮 불쾌해진 해님
구름 뒤로 살짝 피하고

여기 좀 봐
한 꽃만 찾는 나비가 있네
한 나비만 맞는 꽃이 있네
여기

눈부신 하강

은빛 파도 춤을 추는
무의도* 국사봉 하늘

점자처럼 박혀있는
솔개 한 마리, 순간,
날개를 버리고 번개같이
내려친다

오르는 것은 아래를
넓게 보려는 것
오르려고만 한다 우린
죽어서까지

꽃도 잎도 열매도 떨어진다
해도

* 인천 영종도 앞 섬.

행복 · 1

여린 햇살 개미처럼
설핏 기어드는 겨울 아침
아내가 구워 준 토스트에
커피 한 잔 들고 멀리 하얀
화야산*을 바라본다

눈 녹듯 스르르 녹아내리는 몸
나는 노루잠에 꾸벅 나를 놓치고
멍하니 아무 생각이 없다
지나가버린 아쉬움도
기다리는 설렘도 조바심도

베란다 난간에는 어디서 왔는지
멧새 한 마리 지지배배 나를 깨운다
나를 놓고 행복행복 찾지 않을 때
그것은 내 가슴 속 가까이
푸른 샘을 판다

* 경기도 가평 북한강 가 755m 산.

행복·2

지구별에 매달려
태양을 갓 열 번째 돈 외손자 녀석
까불대며 세배를 한다

"공손하게 해야지" 애비가 꾸중하니
"아빠, 저도 이제 아빠처럼 두 자리 수
나이예요" 말대꾸 한다

밀림 나설 새끼 호랑이
마디마디 속살 차오르는 포효

오래오래 사세요하며 녀석이 무릎 괴고
따라준 정종 한 잔
난 나도 모르게 손을 바꾼다
배춧잎 한 장 꺼내려는 손

호박에 줄 그으면 수박 되는가

두 이복형제 뙤약볕 언덕에 앉아
도란도란 얘기한다

"수 아우님!
해 길면 길어질수록 싱싱하고
속마저 빨개져 뭇사랑을 받는 자네가
참 부럽네 얼굴은 누르스레 속까지
서리같이 문드러지는 나 어디 가서
색칠이라도 해볼까?"

"어디요 호 형님!
형님 얼굴엔 해와 달이 호박(琥珀)처럼
서려가지 않나요 제 씨는 톡톡 뱉고
속만 파먹지만 형님 씨는 물론 겉살까지
다들 환장하지 않나요 한 번에 줄줄
따라오라고 넝쿨까지 끌어안지 않나요"

*　*　*

검버섯 군데군데 폭발한 내 얼굴
흰오리 몇 숱 버티고 있는 자네 머리
친구야!

까보면 안다고

한 폭 수채화 울긋불긋 그려진
청평 호숫가
우리 외손자 밤 줍느라
강아지처럼 신났다

녀석 볼처럼 토실토실한 놈
어느 새 호주머니에 가득

하얀 속 알알이 실한 놈
애벌레 벌써 둬 입 간보고 간 놈
회색 짙어지는 놈
껍질 벗겨보니 제 각각이다

세상 속말 아직 모르는
녀석 고사리 손에 실한 놈 몇 알
꼬옥 쥐어주며 나는 말없이
힘주어 속삭인다

눈 오는 날 추억

눈이 오면 무거운 눈덩이 하나
내 가슴에 날아든다

함박눈 수북이 내린 고향
성*들 따라 작대기 하나 들고
뒷산을 더듬는 길
잘 생긴 장끼 한 마리
덤불 속에서 퍼드덕 날아오르고
우린 와아 함성을 지르며
솔개같이 몰아댄다

녀석은 날다 앉다 날다 지치면
옛다 모르겠다며 눈 속에 얼굴만
파묻고 꼼짝 안한다

까악까악 웃어대는 까마귀

꽁무니 훤히 보인 그 장끼 모습
눈 오는 날이면 돌덩이 되어

내 가슴을 짓누른다

머리를 꽁무니에 달고 달려온
숱한 길

* 형의 전라도 사투리.

주) 꿩은 오래 날지를 못하고 일정 거리를 날다 앉고 날다 앉는 습성이 있다.

어머니는 어머니가 아니다

까치 지저귀는 아침 휴대폰이 울린다
"저어 저는, 영문과 졸업한 신사임인데…"
"네에, 저랑 함께 정 교수님 모시고
로렌스로 졸업논문 썼던"

유난히 수줍음 많던 그녀 혹시 나를
짝사랑 했나하는 속물이 꿈틀댄다

"저어 저, 제 아들이 대학 졸업 후
어렵게 신문사에 들어가 수습 중인데
저어, 주간지 하나 봐주시면 안 될까요?
한 1년만 보다 끊어도 돼요"

*　　　*　　　*

뙤약볕 아래 허리 부러질 듯 밭일하고
집에 오면 식은 보리밥 한술 말아 휘익
저녁을 때운 어릴 적 우리 어머니
부엉이 소리 장단 맞춰 길쌈하다 그만
호롱불에 꾸벅 머리를 그슬리신 어머니

다음 날 새벽 삼베 한 필 이고 장에 나가
문화연필 한 다스나 사 들고 수업 중인
교실 문틈으로 그 머리를 내밀며
"상모야 어딨냐?"
교실은 막 킥킥 웃는다

빈 볼펜에 몽당연필 끼워 쓰는 사람은
나 밖에 없다 투정하고 동무들 앞에서
홍시처럼 붉어졌던 내 얼굴 왜 이제야
이리도 보기 싫은가

* * *

하늘이 집마다 신을 보낼 수 없어
보낸 분이다* 어머니는

* 문정희 시인의 말에서 인용.

바보 마누라

가난테미 촌놈 도끼에 열 번도
채 못 찍혀 넘어간 버드나무

시부모 삼베옷 입힐 때까지
모시고 산 셋째 맏며느리
멜로보다 '생로병사의 비밀' 같은 걸
즐겨 보는 반풍수 의사
거슬려도 미간에 그 흔한 골 하나
못 짓는 여인

쫌만 가꾸면 이슬 머금은 복수초 보다
고울 텐데 딸들이 쓰다 남은 화장품만 쓰고
백화점 코앞인데 지하 철마 타고
남대문시장 굳이 찾고
외출 때 컴퓨터 안 끄면 남편 혼내고
그러면서 조카들 대학 등록금
선뜻 대주는 여인

내 24시간 가정교사

나 먼 길 떠나면
돌아오는 길 지워지지 말라고
한곳에 꿈적 않고 서서 깜빡이는
등대

한 친구를 보내며

맑은 눈빛 하나로 무작정
들녘만을 바라보며 살아온 친구

오늘 웬일인가 말간 술 한 잔 받고
하얀 국화밭에 누워 난 참 바보처럼
살았구려 노래를 한다

밭모퉁이에 손수 지은 초가집
지붕 위엔 박들이 동화처럼 졸고 있다
뒤란 장독엔 메주 삭는 냄새 코를 간질이고
감나무는 주렁주렁 등불을 밝힌다

푸른 하늘 가림이 없는 곳
밤이면 별들이 반딧불이와 놀다가는 궁전
대리석 담 높디높은 집 부럽지 않다

삶이란 바위처럼 무거운 거품
물어서 안들 뭐하랴
바보처럼 사는 게 짜릿한 편안함인 걸
바보는 알고 또 앞서간다

바보인 게지요

누구입니까 당신은

화사한 봄 날
이 꽃 저 꽃 넘나들며
나비처럼 노닐고 싶고

여름 한 철
풀잎피리 불며 베짱이처럼
노래하고 싶고

가을걷이 마친 저녁
외양간에 누워 되새김질하는
누렁이처럼 졸고 싶다가도

눈보라 세찬 벼랑 위 소나무 보면
그 마음 접는 당신

낙촌신고(落村申告)

빌딩 숲 까치 한 마리
금빛 먹이 좇아 먼 바다너머까지
날개를 퍼덕인 지 수십 년

이제 신선봉* 밑에 새 둥지를 틀고
전입을 신고합니다

네온사인 찬란한 곳 왜 뒤로하느냐
묻지 마시어요
볼록한 배 질번질번한 얼굴
남들은 부러워하지만 바람 따라 살아온
흑도 백도 아닌 제 가슴 싫어
차라리 온통 검은 까마귀 따라
산천을 가르고파

고향 놓아두고 왜 또 타향이냐
묻지 마시어요
동무들과 도랑치고 메뚜기 잡던 방천 둑
울퉁불퉁 시멘트 길로 덮어버리고

사람들은 멀어져 나를 무등 태워주던
동구 밖 정자나무만 쓰러질 듯
솟대처럼 버티고 있어서

* 북한강 호숫가 산봉우리.

봄이 왔네 코아루*

지난 봄 첫발을 내딛던 이곳
마당엔 나비들 너울너울 날아들고
병아리 떼는 햇빛을 쪼고 있었다

숱한 사연을 달고 찾아든 타관바치들
안녕하세요 첨 뵙습니다
낯설음 달래며 코아루를 세웠다

갓 옮겨 심은 벚나무는 맞장구치듯
듬성듬성 꽃을 피우더니 마침내
자주색 진한 버찌를 맺는다

함박눈 어느덧 천사처럼 내리고
우리 성(城) 순백의 이상향이 된 듯한 날
어디선가 때 아닌 황사가 몰아쳐
겨우내 기침을 하였다

장락산 위 밝아온 해님이었을까
화야산 마루 근심어린 석양이었을까

우리 뜰에 황사가 걷히고 다시
화창한 봄이 왔다

신선봉 아래 우뚝 선 코아루여!
신선들 오개오개 모여 사는 성
호수처럼 늘 맑고 푸르러라

* 북한강코아루 주민화합잔치에 부쳐.

부초(浮草)
―커피 한 잔의 추억

38선 군대생활 내 토요일 오후는 때때로
비키니 여배우가 다리를 꼬고 벽에 앉아 있는
'황금다방'에서 저물었다

박하 분 떡칠을 하고 미니스커트 간신히 걸친
젊은 마담
"오빠오빠" 하며 향기를 반짝이는 곰팡이 냄새
퀴퀴한 곳

스피커에선 〈사랑만은 않겠어요〉가 흐르고
금세 신발 거꾸로 끌고 가버린 애인 생각을
지우려 나는 여배우에게 눈을 박는다 눈치 빠른 마담
커피에 위스키 한 방울 털어주며
"뭘 그리 뚫어져라 보고 있당가" 귀에 익은
말투 고향이 어디냐 묻자 황급히 말꼬릴…

황금 찾아 최전방까지 밀려와 맨몸 하나로
전투를 벌이고 있는 부초,
세상에서 가장

여린 빛을 가물거리며 제대 앞둔 내 길을
힘차게 비춰 주던 그녀
어드메까지 갔을까

TV토크쇼 탈북여성 한 분
억센 사투리로 황금을 캐고 있다

하나+하나=하나

망망대해에 나서는
선남선녀여!

그대들의 사랑
아침 해처럼 타올라
꿈에서조차 타올라

봄 여름 가을 겨울
질기게 피는 들꽃처럼
서로 밀고 밀어주며
뭍에 닿는 파도처럼

한몸 한뜻으로
한배를 저어 가오
바다 같은 품으로
세상을 껴안고

* 친구 아들 결혼식 주례사.

5
내 바람

낙엽처럼

실바람에도 파르르 떨던
높푸른 노래
저녁놀 속으로 아롱아롱
스러져 간다

새 노래 해님에게 지으라하고

사라질 뿐 지워지지 않는
한 잎이고 싶다
날 스쳤던 가녀린 바람에게
만이라도

석양

산마루 가름재에 앉아
파란 캔버스 붉게 물들이는 화가

어인 눈물인가요

스스로 불사르는 당신 있어
눅눅한 곳 뽀송뽀송 마르고
난쟁이 풀꽃마저 곱게 피었답니다
알알이 영근 수수처럼 저는
고개 숙일 수 있었는걸요

한낮 격정을 누르고
져야할 때 지는 당신 또 맞을 내일 있어
가슴 쿵닥댑니다

날마다 하루씩 우리 삶 떼어간
당신
익어가는 내 영혼

내 바람

바람이고 싶어라

곧게 솟은 대나무 보면
나를 나사 죄듯 조이고
남을 쉬이 재단하며 걸어온
가막덤불 길

이제 그만 훌훌 털고 훨훨
날아가고 싶다

산천을 가르고 창공을 날다
햇살에 졸고 있는 들꽃 보면
살짝 깨워 노닐다 가고
토실토실 잘 익은 도토리나무 보면
몇 알 떨어트려 다람쥐에게 쥐어 주고
매지구름 만나면 한가락 눈물을 내려
메마른 땅 적셔 주고

황혼이 그만 가라 하면

어느 골짜기 맑은 소(沼) 바닥에
낙엽처럼 잠기고 싶다

더는 정말 바람이 없네
바람이고픈 바람 뿐

호숫가에 앉아

머리는 허연데 주름살이 없다
산을 등에 지고 앉아 물끄러미
나를 바라보는 호수 속 노인

아스발트 땅 뭐 그리
오래도록 일구느라 이마에 고랑이
이리 깊게 패였냐고 묻는다

싫어 그만 일어서려는 내 소맬
잡아당기는 뉘

까마귀 발등처럼 부르튼 손도
어서 담그어 씻으라며 호수가
잊혀진 노래 음표처럼 일렁인다

호수는 어느새 검붉게 물들고
긴긴 날 핏발 서린 내 눈에는
뜨거운 이슬이 맺힌다

그래도 가야하는 땅
씨 뿌리고 울어야 하는

하얀 눈길을 그리며

여기 땡볕 밭
한 그루 사과나무를 심는다

몇 구절 시작(詩作)에
남모르는 혈고를 겪는 시인 마냥
하나 둘 넘기는 책장마다
우리 둘의 내일을 가꾼다

타거라 이글이글

우리 나무에도 마침내
빠알간 능금 주렁주렁 열리면
예쁜 바구니에 오롯이 땋아 두었다
첫눈 내리는 날
한없이 걸읍시다

금빛 반짝이는 하얀 길

* 주) 대학시절 도서관에서 지금의 아내와 졸업논문 함께 쓰며 썼던 처녀시.

이름 석 자

꽃이 잎이 지고
해가 진다

저들은 져
열매 속에 자취를 감추고
스스로 썩어 새싹을 올리고
밤하늘에 별을 낳는다

지는 것은 없다

우리도 지지 않는다
석 자 거울을 남기고 그림자처럼
그 길을 나설 뿐

거울 속 내 뒷모습

죽음은 끝이라서가 아니라
끝이 아니라서 두렵다

상선약수(上善若水)

우린 위로만 솟으려 할 때
그는 언제나 아래로
아래로 길을 찾습니다

천 년 뚝뚝 바위를 뚫고
여울 여울에 맞추어 가다
벼랑을 만나면 차라리 몸 던져
다시 일어섭니다
뭐든 안아주다 속 썩으면
붉은 바닥까지 콸콸 토해내
세상을 울립니다

우리는 유리 파편처럼 깨져
서로 싸울 때 그는 이웃을 만나고 만나
마침내 모두
큰 바다를 출렁입니다

사람人 사람

하늘 아래 활보하는
수많은 사람들 서서 걷는다고
다 사람이겠는가

별 같은 사람들 저 하늘엔
별같이 많으려나

빛나면 다 별이겠는가
사람인 사람이 사람

나는 나를 어둔 방에 가두고
빨래 짜듯 쥐어튼다
저 아래 불구덩인 두렵지 않지만
날 쳐다보는 어린애 맑은 눈동자
두려워

셀라비*

차들이 길을 몰고 달린다
어느 놈은 차선을 넘나들며 곡예사처럼
어떤 놈은 엉금엉금 서로 앞다퉈 달린다
비가 와도 천둥번개가 쳐도 달려야 한다
가야하는 곳은 언제나 한곳
향기로운 양란이 피어도 곰팡이가 피어도
그곳으로 가야 한다 부메랑처럼
때론 앞차를 들이받기도 뒤차에 받히기도 하다
차병원 신세를 지고 천명을 못 다한 채
폐차되기도 한다

그 속에 나도 달린다 비포장 신작로
아스팔트 비단길 곧은 길 굽은 길을
차는 몇 번 바뀌었지만 승객은 언제나 똑같다
다른 이는 쉬이 태울 수가 없다
옆자리 조수는 졸지 말라며 껌도 까주고
뒷좌석 토끼들은 '아빠 힘내세요 우리가
있잖아요' 노래를 한다 바위덩이 같은 짐
무겁지 않다

달리자! 삼베 끈으로 손발 꽁꽁 묶일 때가
종점이다 나 태어났을 때 엉덩이를 요이땅 하고
탁 치셨다는 할머니께 효도하자
낮에도 눈에 불을 켜고 달리던 길 어느덧
뒷짐 모두 풀고 내리막 이제 쌍 눈에 핏줄 터져라
불 안 밝혀도 된다 차선 잘 지키고
뒤에서 빵빵대기 전에 비켜도 주자

99키로 까지는 한 번 달려가 보자 궁금한
그 너머

* c'est la vie. '그것이 인생이다'라는 프랑스 말.

작심삼일(作心三日)

새해에는 한 번
봄바람에 흩날리는 벚꽃처럼
흐드러지게 살아 볼까

새해에는 삼 일 만이라도
저 대나무 보며 살자
마디마디 속을 비우며 올곧게
하늘을 우러르는

돌부처

모진 풍상 맞고
피어난 꽃
부처가 된 바위

모진 번뇌 안고
피어든 꽃
바위가 된 부처

지공거사*

64키로 지하철에 몸을 싣고 환승역에
도착해보니 늦가을이 먼저 와 시든 가로수 잎을
한아름 들고 기다리고 있다

승객들과 부대끼며 해진 내 옷소매를 잡고
그는 '수고 많았소 이젠 구석자리나마 앉아
공짜로 가시오' 하며 카드 한 장을 쥐어준다

내 몸보다 큰 짐을 메고 달려온 길
이깟 카드 하나 얻으려 그리 참고 또 참다
못하면 아내 치마폭에 얼굴을 묻고 엉엉
속으로만 울었던가

이것 하나 얻지 못하고 일찍 가버린
바보 친구도 있지

당당한 훈장! 목에 걸고 천지사방 달려보자
언젠가 그날 오면 반납하고 가는 거다
산에 일찍 갈지언정 집에 오래 눕지만 말자

비우는 가슴에 함박눈 흠뻑 내려주려는지
매지구름 속으로 저물어 간다 그가

* 지하철 공짜로 타는 65세 이상을 일컫는 은어.

나를 슬프게 할 때

아지랑이 밭 높이 지저귀는 종달새
진눈깨비에 놀라 후다닥
날개를 접을 때

봄인 듯 슬쩍 다가온 여름
긴 가뭄으로 우리 아재 다랑논
바닥까지 쩍쩍 갈라놓을 때

가을인 듯 뱀처럼 기어든 겨울
싸락눈만 희끗희끗 날려 날 지우고 가신 임 발자국
지워주지 않을 때

앞서지도 뒤처지지도 말고 철길 걷듯
나란히 가자놓고선 저만치 앞서간
솔직한 친구 말이 없을 때

철 바뀌는 걸 아는 나 철들지 않을 때

그래도 매화 피고 열매 맺고

늙어서 더 고와지는 단풍 보며
피그시 웃지요

환생(還生)이 있다면

죽도록 사랑했단다
제 애인과의 정사장면을 몰래 찍어
인터넷에 도배한 사내

남의 속 못 들춰내 안달하며
살아온 두더지, 환생이 있다면 나는
비데좌변기 같은 게 되고 싶다

땀내 퀴퀴한 촌부
번지르르 밍크코트 부인
좌로만 급히 앞서 가려는 자
우로만 천천히 뒤돌아보며 가려는 자
누구라도 속 쏟아내면 씻어주련다

세상 시중드느라 늙은 호박 속처럼 문드러진
이 땅의 아버지 어머니
집에 와 게우면 밤새워 받아 주며
가녀린 등 토닥여주고 싶다

아니 하련다
죽도록 사랑했다는 말

할애비 소망

할애비의 길 곧 단풍지고
눈 속에 녹고 말겠지만 너의 길은
막 새싹이 트는구나

네 길 언제나 고와 꿈에서조차
융단처럼 펼쳐지면 좋으련만 산다는 것은
거친 광야를 헤쳐 가는 것

가다가 막히면 도저히
넘지 못할 절벽이면 돌아서 갈지라도
되돌아가진 말거라

작살비 휘몰아치면 이슬 젖듯 젖을지라도
눈물 쉬이 흘리지 말거라
그래도 눈물이 나거든 속으로만 엉엉 울고
죽순처럼 일어서거라

짙은 안개 속에 갈대들 엉켜
우왕좌왕 할 땐 눈을 감고서라도 멀리

태산을 보고 똑바로 가거라

그리고 항상 어둠을 두려워 말고
닭마저 아직 잠들어 있을 때 깨어
푸른 별을 보거라

그리고 꼭 가끔은 쉬었다 가거라
뿌리 깊은 나무 하늘 높이 솟는 그늘에 앉아
차가운 눈으로 왔던 길 뒤돌아도 보고
따뜻한 눈길로 주변을 살피며

축 영결

나도 모르게 이 별에 내려진 지
어언 칠십 번째 가을이 누런 머리를
조아리고 있네요

나에게도 내 그길 펼쳐질 때
슬피 우지들 마오

쌀밥 보리밥 그 콩밥 말곤 다 먹어보고
무명옷 비단옷 다 입어보았네
웃음소리 울음소리 쓴소리 다 들어보고
백두산 지리산 한라산 바다너머까지
원 없이 둘러보았네

내 짝을 만나 함께 가꾼 나무들 어느새
제 짝을 만나 앙증맞은 꽃망울을 맺었으니
뭘 더 바란다면 구지내* 같은 욕심

굳이 아쉬움 있다면 더 넓은 뜰 푸르게
일구지 못한 것, 누구나 남기고 가는 아쉬움

나만 하나 없이 가면 아쉬움 클 것 같아
그건 하나 두고 그믐달처럼 지리니

나 그길 나설 때 우지들 마오
가녀린 목 싹둑 꺾인 국화 화환 말고
작은 조화 바구니에 '축영결' 리본만 달아
길가에 놓아주오

멧새들 지지배배 노래하고
하얀 개망초 해맑게 웃는 길

* 부엉이의 지나친 욕심을 이르는 전라도 방언.

새봄

잔설 속 얼굴 내민
복수초 노란 미소
뱀사골*을 녹인다

얼음 밑 흐르는
실핏줄 힘찬 맥박
겨울의 비창(悲唱)

* 지리산 계곡.

| 해설 |

시와 함께 세상과 함께

| 작품해설 |

시와 함께 세상과 함께

정성수(丁成秀)

(시인·한국문인협회 시분과회장)

박상모 시인을 한 마디로 얘기하자면 빵을 해결하기 위한 사업과 자신의 영혼을 지켜내기 위한 시를 양 날개로 하여 이 풍진세상 속을 지금까지 뜨겁게 날아온 사람이다.

한평생 거친(?) 파도를 건너온 그의 시적 체온은 그래서 더욱 따뜻하다. 시편마다 인간적 정취가 넘쳐난다. 다시 말하자면 그의 시는 누구나 지니고 있는 인간의 본원적 정서에 닿아있다. 쓸데없는 난해성, 즉 아무 감동도 거느리지 않은 시적 허세나 제스처를 부리지 않고 어디까지나 당당하고 겸허하고 진솔하다.

그렇게 그의 시는 자신의 순수의지 속에 오래오래 썩지 않는 영혼의 둥지를 틀고 있다. 박상모의 시가 독자에게 아무런 거부감 없이 평화롭게 다가오는 가장 큰 이유 중의 하나이다.

다음 시를 살펴보자.

바람 따라 사는 가슴

흑도 백도 아니다 빌딩 숲 속
까치 한 마리

이곳저곳 넘나들다
조롱이 나타나면 몸을 숨기고
고양이 눈 부릅뜨면 꼬릴 흔들며
타울거린 수십 년

배는 볼록 얼굴은 번지르르하다

남들은 부러워하고
땍갈 좋다 시샘도 하지만
까치의 마음은 언제나
저 먼 곳에

마른나무 우듬지에 앉아
순백의 설원을 굽어보는 까마귀가
차라리 부럽다
온통 검은 몸으로 세상을 지우는 듯
까악까악 노래하는
어릴 적 그 고향 까마귀

광야의 시인

—「도시 속 촌놈」 전문

일종의 자화상, 그동안 동서양을 막론하고 수많은 시인, 화가들이 즐겨 다뤄온 소재 중의 하나이다. 다시 말하자면 이 시는 도시문명 속에서 살고 있는 한 자연주의자의 쓸쓸한 고백적 육성이다.

거칠고 난해하고 복잡다단한 문명적 사회를 떠나 다시 단순 소박한 '촌놈'(자연주의자)이 되고 싶은 시적화자의 열망을 대변하는 자기비하의 역설적 표현이 아닐 수 없다.

제1연에서 시적화자는 자신을 '바람 따라 사는 가슴/ 흑도 백도 아니다 빌딩 숲 속/ 까치 한 마리'라고 '흑'도 아니고 '백'도 아닌 '빌딩 숲속 까지 한 마리'로 비유한다.

도시문명에 어울리지 않는 '까치'는 그 속에서 자신의 의지대로 살아가는 게 아니라 '바람 따라 사는', 그때그때 상황 변화에 적응하면서 변화무쌍하게 살아가는 카멜레온적 존재이다.

즉 '이곳저곳 넘나들다/ 조롱이 나타나면 몸을 숨기고/ 고양이 눈 부릅뜨면 꼬릴 흔들며/ 타울거린 수십 년'의 생애이다. 영혼의 고통과 달리 '배는 볼록 얼굴은 번지르르하다'. 그야말로 일종의 아이러니가 아닐 수 없다.

그리하여 시적화자는 '남들은 부러워하고/ 때깔 좋다 시샘도 하지만/ 까치의 마음은 언제나/ 저 먼 곳에// 마른나무 우듬지에 앉아/ 순백의 설원을 굽어보는 까마귀가/ 차라리 부럽다/ 온통 검은 몸으로 세상을 지우는 듯/ 까악까악 노래하는/ 어릴 적 그 고향 '까마귀'를 그리워한다.

단지 그저 막연하게 그 시절을 그리워할 뿐만이 아니라 '고향 까마귀'를 '광야의 시인'이라고 명명하기까지 한다. 시적화자의 순수 회귀에 대한 간절한 염원의 메시지이다.

다음 시를 살펴보자.

붉은 장막을 치며
해 하나
뚜벅뚜벅 재를 넘는다

기러기 한 쌍 따라 넘는다

물안개는 왜 내 눈에
하얀 먹지를 씌우고 있나
땅거미는 어쩌자고
홀로 서 있는 내 그림자마저 데려가버리나

가거라
왜가리 한 마리 외발로 서서
물끄러미 저녁놀 바라보는
저 강화포구로

영겁을 흐르는 강

—「해질녘 강가에서」 전문

하루가 저물어가는 석양 무렵을 시적화자는 '붉은 장막을 치며 / 해 하나/ 뚜벅뚜벅 재를 넘는다'라고 노래한다. 해를 의인화시

켜 '뚜벅뚜벅 재를 넘는다'라고 표현한 것은 어둠 속으로 사라지는 해의 당당한 위용을 말해주는 것. 그것은 절망 앞에서 혹은 죽음 앞에서의 당당함, 내일의 부활을 기약하는 존재의 눈부심 같은 것.

2연의 '기러기 한 쌍 따라 넘는다'는 기러기가 한 마리가 아니고 '한 쌍'이라는 점에서 시적화자의 무의식 속에 숨어있는 상대적 가치(?)로서의 사랑의 의미를 엿보게 한다.

시적화자는 저물어가는 해, 그와 함께 사라져가는 두 생명체의 마지막 존재의 모습과 함께 하려고 하지만 '물안개는 왜 내 눈에/ 하얀 먹지를 씌우고 있나/ 땅거미는 어쩌자고/ 홀로 서 있는 내 그림자마저 데려가버리나'처럼 '물안개'와 '땅거미'가 그 소망을 차단시킨다.

여기서 시적화자는 존재의 사라짐을 응시하는 한 마리의 고독한 '외발 왜가리'로 치환된다. '가거라/왜가리 한 마리 외발로 서서/물끄러미 저녁놀 바라보는/저 강화포구로//영겁을 흐르는 강'. 즉 영원한 시간과 탄생과 죽음의 무한궤도 속으로 사라져가는 존재에 대한 초월적 영혼의 세계를 노래하는 것.

다음 시를 살펴보자.

+−×÷

허리춤에 계산기 하나 차고
사막을 헤매는 것

1+1+1+1+1+1+1+1+1+1=10

1×10 = 10
1×0 = 아차

끝내는 누구나 =

누런 삼베 옷 갈아입고
길 위의 먼지처럼
00 사라져가는 것

—「산다는 것은」 전문

일종의 실험시. 이 시집 속에 수록된 작품 중 유일한 특별시(?)이다. 언어예술인 시를 포함, 모든 예술의 역사는 실험의 역사이다. 즉 다시 말하자면 예술은 창조의 역사이다.

시인 김소월은 전세계에서 한 사람으로 족하다. 비슷한 시를 쓰는 유사 김소월은 이 지상에서 아무런 존재 가치가 없다.

시적화자는 '산다는 것'을 '+ − × ÷'라고 정의한다. 우리들 인간 개개인의 생애는 사실 얼마나 복잡다단한 것인가. 수도자들을 빼고 거의 대부분의 일반적인 사람들은 한세상 살면서 이런 일 저런 일에 더하고 빼고 곱하고 나누고를 수없이 반복한다. 결국 극단적으로 표현하면 '허리춤에 계산기 하나 차고/ 사막을 헤매는 것'이다.

'1+1+1+1+1+1+1+1+1+1=10/ 1×10=10/ 1×0= 아차', 그러다가 '끝내는 누구나 =' 누구나 다 똑같이 사망의 골

짜기로 들어선다. 죽음은 누구에게나 평등하지 않던가.

'누런 삼베옷 갈아입고/ 길 위의 먼지처럼/ 00 사라져가는 것' 그것이 신이 인간에게 내려준 유일한 평등주의이다.

다음 시를 살펴보자.

여린 햇살 개미처럼
설핏 기어드는 겨울 아침
아내가 구워준 토스트에
커피 한 잔 들고 멀리 하얀
화야산을 바라본다

눈 녹듯 스르르 녹아내리는 몸
나는 노루잠에 꾸벅 나를 놓치고
멍하니 아무 생각이 없다
지나가버린 아쉬움도
기다리는 설렘도 조바심도

베란다 난간에는 어디서 왔는지
멧새 한 마리 지지배배 나를 깨운다
나를 놓고 행복행복 찾지 않을 때
그것은 내 가슴 속 가까이
푸른 샘을 판다

—「행복·1」 전문

이른 아침, 아내의 작품인 '토스트와 커피' 한 잔이 선물해주는 은은한 향내 같은 '행복', 행복은 이렇게 작고 따뜻한 것이다. 그것은 늘 우리 곁에 싱싱하게 살아있지만 먼 것을 바라보는 사람들의 눈에 잘 띄지 않을 뿐이다.

'눈 녹듯 스르르 녹아내리는 몸/ 나는 노루잠에 꾸벅 나를 놓치고/ 멍하니 아무 생각이 없다/ 지나가버린 아쉬움도/ 기다리는 설렘도 조바심도'

시적화자는 '토스트'와 '커피'를 들고 몸이 '눈 녹듯 녹아내린다'. 사람이 누릴 수 있는 가장 행복한 순간 중의 하나이다. '나는 노루잠에 꾸벅 나를 놓치고/ 멍하니 아무 생각이 없다/ 지나가버린 아쉬움도/ 기다리는 설렘도 조바심도'.

과거에 대한 '아쉬움도' 미래에 대한 '설렘도 조바심도' 없이 '아무 생각이 없는, 무아의 상태……! 가장 평화로운 축복의 순간이 아닌가.

'베란다 난간에는 어디서 왔는지/ 멧새 한 마리 지지배배 나를 깨운다/ 나를 놓고 행복행복 찾지 않을 때/ 그것은 내 가슴 속 가까이/ 푸른 샘을 판다'

그렇다. '행복'은 '나를 놓고 행복행복 찾지 않을 때/ 내 가슴 속 가까이/ 푸른 샘을 파는' 것이다. 이 세상 행복의 정체는 언제나 그런 것이다.

다음 시를 살펴보자.

바람이고 싶어라

곧게 솟은 대나무 보면
나를 나사 죄듯 조이고
남을 쉬이 재단하며 걸어온
가막덤불길

이제 그만 훌훌 털고 훨훨
날아가고 싶다

산천을 가르고 창공을 날다
햇살에 졸고있는 들꽃 보면
살짝 깨워 노닐다 가고
토실토실 익은 도토리나무 보면
몇 알 떨어트려 다람쥐에게 쥐어주고
매지구름 만나면 한 가락 눈물을 내려
메마른 땅 적셔 주고

황혼이 그만 가라 하면
어느 골짜기 맑은 소(沼) 바닥에
낙엽처럼 잠기고 싶다

더는 정말 바람이 없네
바람이고픈 바람 뿐

—「내 바람」 전문

시적화자의 '바람(희망)'은 '바람(風)'이 되는 것. 동음이의어를 적절히 살린 시이다. '바람이고 싶어라// 곧게 솟은 대나무 보면/ 나를 나사 죄듯 조이고/ 남을 쉬이 재단하며 걸어온/ 가막덤불길 // 이제 그만 훌훌 털고 훨훨/ 날아가고 싶다' 한 사람의 지구인으로 살아온 길, 지난한 생의 길을 열정으로 살아온 시적화자는 그야말로 몸과 영혼이 지치고 힘들 때도 되었다.

그래서 '이제 그만 훌훌 털고 훨훨/ 날아가고 싶'은 것. 그것은 사실 살아남은 모든 사람들의 꾸밈없는 소망이 아니겠는가.

'산천을 가르고 창공을 날다/ 햇살에 졸고있는 들꽃 보면/ 살짝 깨워 노닐다 가고/ 토실토실 익은 도토리나무 보면/ 몇 알 떨어트려 다람쥐에게 쥐어주고/ 매지구름 만나면 한 가락 눈물을 내려/ 메마른 땅 적셔 주고'

비상하는 자의 아름다운 시심이 아닐 수 없다. 그렇게 살다가 '황혼이 그만 가라 하면/ 어느 골짜기 맑은 소(沼) 바닥에/ 낙엽처럼 잠기고 싶다'고 한다.

죽어서도 일반적인 무덤이 아닌 깊은 산골짜기 '맑은 소(沼) 바닥에/ 낙엽처럼 잠기고 싶다'니, 얼마나 깨끗한 삶의 종말에 대한 희원인가. '더는 정말 바람이 없네/ 바람이고픈 바람 뿐' 즉 아무런 구속 없이 한세상 바람처럼 자유롭게 떠돌며 살다가 고요히 지구를 떠나는 것이 시적화자의 아름다운 희망이다.

다음 시를 살펴보자.

여기 땡볕 밭
한 그루 사과나무를 심는다

몇 구절 시작(詩作)에
남모르는 혈고를 겪는 시인마냥
하나 둘 넘기는 책장마다
우리 둘의 내일을 가꾼다

타거라 이글이글

우리 나무에도 마침내
빠알간 능금 주렁주렁 열리면
예쁜 바구니에 오롯이 따아두었다
첫눈 내리는 날
한없이 걸읍시다

금빛 반짝이는 하얀 길

—「하얀 눈길을 걸으며」 전문

이 시의 주를 보면 대학시절, 도서관에서 아내(연인)와 함께 졸업논문을 쓰며 썼던 처녀작이다.

'여기 땡볕 밭/ 한 그루 사과나무를 심는다' 거나 '하나 둘 넘기는 책장마다/ 우리 둘의 내일을 가꾼다' 거나 '타거라 이글이글' 이나 '우리 나무에도 마침내/ 빠알간 능금 주렁주렁 열리면/ 예쁜 바구니에 오롯이 따아두었다/ 첫눈 내리는 날/ 한없이 걸읍시다// 금빛 반짝이는 하얀 길' 등 모두 젊은 날의 아름다운 낭만과 꿈의

기록이 아닐 수 없다.

대기만성이라고 했다. 이제야말로 뜨거운 시작, 온몸으로 세상을 살아온 그 성실과 열정으로 더욱 좋은 시를 쓰는 멋진 시인이 되시라.

2018 한여름

칠읍산자락 별내마을에서

| 박상모 시인 연보 |

배움의 길

* 고려대 영문학과 졸업(1978년)
* 일본초청 아시아기업인과정 수료(1999년)
* 고려대 경영대학원 수료(2001년)
* 서울대 행정대학원 국가정책과정 수료(2003년)
* 전북대 농업대학원 농식품과정 수료(2004년)
* 건국대 부동산아카데미 수료(2008년)
* 서강대 중소기업 자금조달과정 수료(2012년)
* 중앙대 사진아카데미 수료(2011년)
* 서울대 오세영 시창작교실 수료(2010년)
* 중앙대 예술대학원 시창작과정 수료(2012년)
* 한국문협 정성수 시창작교실 수료(2018년)

걸어온 길

* 현대종합상사(1978~1990년, 해외지사장 역임)
* 상화상사(주) 등 기업군 창업경영(1990~2017년)
* 전북일보 칼럼리스트(2005~2006년)
* 전북대 농업개발대학원 객원강사(2005~2006년)
* 임실치즈농협 사외이사(2006~2010년)
* 재경임실군민회 회장(2004~2007년)
* 고려대 총교우회 상임이사(현)
* 임실군민의 장 '애향장' 수상(2008년)
* 수출유공 상공부장관상 수상(1993년)
* 산자부장관상 수상(1999년)
* 농림부장관상 수상(2004년)

* 임실문학상 후원회장(2005~2007년)
* 수필집 『도시 속의 촌놈』 출간 및 등단(2009년)
* 제22회 허균문학상 수상(2010년)
* 한국시원 추천으로 시 등단(2018년)
* 한국문인협회·소우주시회 회원(현)

박상모 시집_ 빌딩 숲속 까치 한 마리

초판 인쇄 | 2018년 8월 10일
초판 발행 | 2018년 8월 15일

지 은 이 | 박상모
발 행 인 | 문효치
편집국장 | 김밝은

펴낸곳 | 사단법인 한국문인협회 月刊文學 출판부
주소 | 서울시 양천구 목동서로 225 대한민국예술인센터 1017호
전화 | 02-744-8046~7
팩스 | 02-743-5174
이메일 | klwa95@hanmail.net
등록 | 2011년 3월 11일 제2011-000081호
ISBN 978-89-6138-385-1 03810

값 10,000원